10岁
开始的经济学

100万册珍藏纪念版

 如果公司不顾环境问题

〔日〕泉美智子·著　〔日〕佐藤直美·绘

唐亚明·译

中信出版集团 | 北京

目录

1 天气预报靠不住?

（地球温室效应增强引起气候异常）

2030年11月3日是假期，小哲一家去城市附近的湖泊游玩。

天气预报说，今日天气晴朗，

最高气温32摄氏度，最低25摄氏度。

爸爸穿着半袖衫，妈妈穿着无袖连衣裙，小哲穿着T恤。

一家三口上了游艇。

有人在湖边晒太阳，有人在湖里游泳。

以前，湖里有好多鲫鱼、鲤鱼与河鳟鱼等鱼类，

但现在只剩下热带鱼，没人钓鱼了。

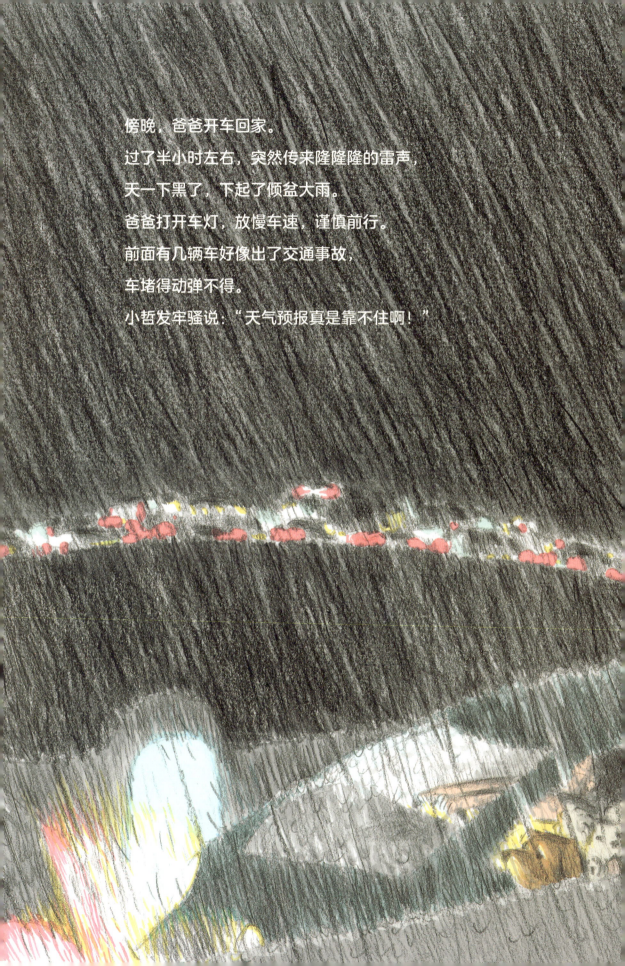

傍晚，爸爸开车回家。
过了半小时左右，突然传来隆隆隆的雷声，
天一下黑了，下起了倾盆大雨。
爸爸打开车灯，放慢车速，谨慎前行。
前面有几辆车好像出了交通事故，
车堵得动弹不得。
小哲发牢骚说："天气预报真是靠不住啊！"

爸爸说："以前，天气预报很准啊。"
本来他们晚上7点就能到家，
可是因为道路堵塞，只能慢吞吞地开。
好不容易到家时，
已经快到夜里11点了。

第二天早上，打开电视一看，

播音员正在播送新闻：

"从昨天傍晚开始下的大雨，

在本市南部引发洪水，目前已有5人死亡。"

今天早上，晴空万里，

可是妈妈对出门上班的爸爸说：

"你别忘了带上雨伞。"

最近，谁也不相信天气预报了。

地球好像发烧了，气温上升，气候异常。

小哲睡眼惺忪，一边揉着眼睛，一边吃早饭。

现在，好吃的大米特别贵，

小哲盘里的米饭干巴巴的，不好吃。

由于近海海域水温上升，
渔场已经不适合三文鱼、鳕鱼和秋刀鱼等鱼类生存，
所以饭桌上没有从前那么多好吃的鱼了。
面粉也涨价了，连面包都成了奢侈品。

到了11月，树上的叶子还是绿的。

开樱花的季节变成了2月底至3月初。

只有12月到第二年2月共3个月的时间，

大人才穿西装上班。

谁都不需要大衣和围巾了。

从6月至9月，很多天最高气温超过35摄氏度，

最低气温25摄氏度。

学校放很长的暑假。

2 2030

MON   TUE   WED   THU   FRI   SAT

4   5   6   7   8   9

3 2030

TUE   WED   FRI   SAT

5   6   7   8   9   2

12   13   14   15   16

寒假已经取消了。
小学教室里的空调，
在今天，也就是11月4日，
还在放冷气。

10 2030

TUE	WED	THU	FRI	SAT
1	2	3	4	5

1 2031

SUN	MON	TUE	WED	THU

2 地球发烧了！
（温室效应和地球环境的变化）

油田接近枯竭，用汽油的汽车少了，

街上跑的大多是电动汽车和电动自行车。

由于大量使用冷气和电动汽车，耗电量猛增。

即使建设新的发电站，也难以满足用电需求，

所以政府规定，便利店每晚8点关门，

电视、广播晚上10点结束。

电费不断上涨，大家都在注意节约用电。

空调开小一点，冰箱买小一点。

只有耗电量小的电视才有市场。

街上几乎看不到自动售货机了。

15

最严重的问题是，由于地球发烧，

粮食价格上涨了。

贫困国家遭受的灾难最大。

食物短缺，致使不少人饿死。

另外，久旱不雨，水资源也严重匮乏。

如果气温这样持续上升的话，

食品和水的缺乏，

将会造成世界人口不断减少。

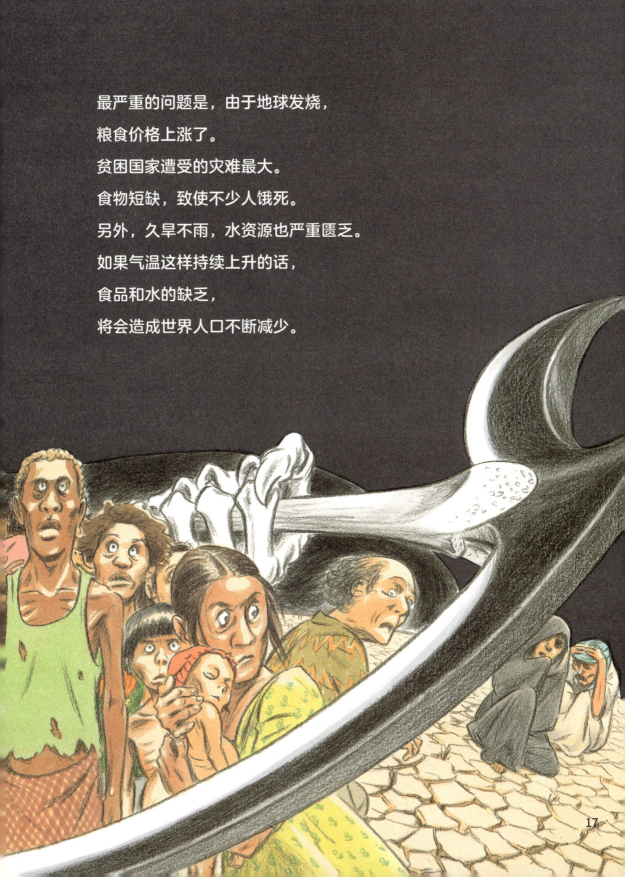

小哲的爷爷是地球物理学家，今年78岁了。

他说："我年轻时可没有这么热，

那时还可以享受四季的变化呢！

本来大自然自己保持着平衡，

植物依靠光合作用，通过吸收动物排出的二氧化碳来生长。"

爷爷耐心地对小哲说：

"人类发明了各种方便的电器，但没有电，机器动不了。

世界上的人都渴望生活方便，

所以耗电量越来越多，二氧化碳的排放量也越来越大，

致使气温上升，气候异常。"

爷爷从书架上取出一个旧文件夹，

给小哲看上面贴的剪报。

报上的日期是1997年11月30日。

"那时我45岁。"

小哲听着吃了一惊。

报上的标题是《近藤博士预测地球温室效应的危险》。

爷爷30多年前就在报上预测：

"如果像现在这样，二氧化碳排放量持续增加，

数十年后，地球的平均气温将不断上升，

海平面也会升高，小岛国有可能被海水淹没。"

"海平面为什么升高呢？"

"气温上升，致使南极的冰盖和喜马拉雅山山顶的冰川融化，

就会使海水增多，而海水随温度上升体积也会膨胀，

所以海平面会升高。"

"的确，就像爷爷预测的那样，

气温越来越高了。那大家为什么没注意到呢？"

"就像温水煮青蛙呀。

你把青蛙放进凉水锅里，慢慢加热，

青蛙也许觉得很舒服，不会往外跳，

所以最后它们会被煮死。

但是，如果你把青蛙一下放进热水锅里，

它们一定会吓得马上从锅里蹦出来。"

"地球温室效应也是这样啊。
温室效应缓慢进展着，
人就感觉不到危机的可怕。
所以在当年，谁也不在意我的预测。"
爷爷叹了口气。
小哲以前一直觉得爷爷"性格怪"，
现在突然觉得爷爷可敬可佩。

3 不顾地球环境的公司难以幸存（温室效应下企业的对策）

爷爷说，地球发烧
的病因是二氧化碳，
工厂和发电厂的烟囱排放的烟
里大部分都是它。
那些工厂生产着我们日常生活所需的用品，
以及建造楼房所需的钢材、水泥和玻璃等。
人类明知这些生产活动会给地球带来恶劣影响，
但是长期以来，仍旧任意排放二氧化碳，
未做任何努力去改善这种状况。
这就是地球温室效应增强的主要原因之一。

日本全国有300多家 "艾可露"连锁超市。

艾可露的总经理带头节能，

他指示各家超市努力减少耗电量，

为此各家超市都拆除自动门，并控制对空调的使用。

超市有不少员工认为：

"让客人舒适地购物，是超市的义务。"

可总经理不同，

他认为："我们减缓地球温室效应的努力，

一定会得到大多数顾客的赞同。"

什么事情不干不知道，

一切正如总经理所想。

艾可露的收银台前，顾客总是排着长队。

在超市门口，年轻顾客为上了年纪的顾客开门关门，

大家彼此之间关爱互助，其乐融融。

不知为什么，大型超市"因达斯"的顾客却很少。
营业主任表情凝重，他一边看着销售额统计表，
一边想："我们的超市冷气舒适，
店里灯光明亮，还放着音乐呢。
我们的服务也很周到，
可为什么顾客这么少呢？"

因达斯不想输给竞争对手艾可露。

因达斯总经理指示："我们要像艾可露那样，

把公司改为环保型的经营方式。"

他命令全国各店节约用电。

尽管如此，各地的因达斯依然空空荡荡。

对于竞争激烈的超市市场来说，光去模仿别人，

很难改变顾客已有的印象。

小哲一家也是这样，虽然家离艾可露远一点，

但也愿意绕远路去那儿买东西。

因为顾客不想当"被温水煮的青蛙"，
所以愿意购买"重视环保"的公司生产的产品，
愿意在"重视环保"的商店购物。

当然，努力防止地球温室效应加剧的，

不止艾可露超市一家。

黑川电气公司正在大力研制节能家用电器，

他们成功地把电器耗电量减少到了20年前标准的四分之一。

顾客们喜爱环保的产品和服务。

这样的公司销售额上升，利润也增多了。

阿卡伊汽车公司的新车十分畅销，

这种车的能源，是用从垃圾里提取的氢，

与空气中的氧产生反应后生成的电。

这种电动汽车行走时只排出水，是理想的环保车。

超市艾可露收集垃圾，提供给阿卡伊汽车公司，

协助他们提取氢，用作汽车燃料。

4 如果时针能倒拨……
（我们为防止温室效应增强能做什么？）

中国有14亿人口，是日本的10倍。

与30年前相比，中国的变化令人惊叹。

人民生活逐渐富裕了起来。

从前，偏僻山村的孩子看电视，

要靠父亲蹬自行车发电。

而现在，通过不断建设发电站，

深山里也通了电。

中国的经济发展迅速，二氧化碳的排放量就会相应增加，

但是中国正在大力降低二氧化碳的排放强度，

比如利用沼气发电，在沙漠上用太阳能发电，还有植树造林，等等，

开展着各种节能环保的活动。

但是，尽管世界上的人和公司，做了这么多努力，

地球温室效应越来越严重的问题仍然得不到根本的改善。

为了解开这个谜，小哲又前往爷爷家。

爷爷在桌子上放了一个装满水的玻璃杯，问道：

"我在杯子里放一勺糖，水就会变甜。

那我再放一勺呢？"

"那就更甜了呗。"

"对，糖的浓度越高，糖水就越甜。

与此相同，烟囱里冒出的二氧化碳多了，

大气层中的二氧化碳也就多了，地球就会越来越热。"

"那这样的话，即使拼命减少二氧化碳的排放量，

不也是杯水车薪吗？"

"嗯，你往一车烧着的木柴上浇两三杯水，

是不管用啊。

但是你不停地浇，火总会灭的。"

爷爷说，只要大家不断努力，

完全有可能降低地球大气层二氧化碳的浓度。

晚饭后，小哲一家看电视。

只听播音员难过地说：

"北极熊快要灭绝了。

由于地球的温室效应增强，北极的冰山正在迅速融化，

那些大白熊连去捕猎都无处下脚了。

没有冰山，它们就抓不着海豹等猎物。

缺少食物，是北极熊灭绝的主要原因。"

第二天，小哲和爸爸一起去动物园。

他们先去了"北极馆"和"南极馆"。

在动物园的北极馆里，还能看到大白熊。

但是，入场需另买门票。

因为维持适合大白熊生存的环境，需要花很多钱。

小哲盯着3只大白熊，自言自语地说：
"它们只能住在人工的'北极'里啊……
如果每个人早一点往地球上浇一杯水就好了。
对不起啊，大白熊！"

如果时针能倒拨，

大家都会努力防止地球发烧吧。

那也不需要像现在这样花那么多钱了。

可是，一旦发了烧，

要治好它，则需要大量的财力、物力和时间。

不过，小哲才10岁，他今后能干的事情可多着呢。

"哦，我又想出一个主意！"

小哲立刻去实行了。

爸爸和妈妈看着他，虽然惊讶，

但并没有阻止他……

作者介绍

■ 著：［日］泉美智子

"儿童经济教育研究室"代表，理财规划师，日本儿童文学作家协会会员。
她在日本全国举办面向父母和儿童、小学生、中学生的金钱教育讲座，同时编写公民教育课外读物和纸戏剧。主要著作有《什么是保险？》（近代推销社）、《调查一下金钱动向吧》（岩波书店）等。

■ 绘：［日］佐藤直美

多摩美术大学毕业后，曾从事绘制时装模特模型面部的工作，而后四处周游，现为插图画家。绘制了"儿童与金钱教室"小组创作的故事《鸡蛋和钱的故事》等。

■ 译：唐亚明

知名图画书编辑、作家、翻译家，出生于北京。毕业于早稻田大学文学系、东京大学研究生院。1983年应"日本绘本之父"松居直邀请，进入日本最权威的少儿出版社福音馆书店，成为日本出版社的第一个外国人正式编辑，并一直活跃在童书编辑的第一线，编辑了大量优秀的图画书，并获得各种奖项。
他本人的主要著作有《翡翠露》（第8届开高健文学奖励奖）、《哪吒和龙王》（第22届讲谈社出版文化奖绘本奖）、《西游记》（第48届产经儿童出版文化奖）等。
他曾作为亚洲代表，任"意大利博洛尼亚绘本原画博览会"评委，并任日本儿童图书评议会（JBBY）理事。现在东洋大学和上智大学任教。现任全日本华侨华人文学艺术联合会名誉会长、全日本华侨华人中国和平统一促进会会长。他翻译了许多作品介绍给中日两国读者。